Marliese Arold

Pferdegeschichten

Illustrationen von Dorothea Ackroyd

Loewe

Die Deutsche Bibliothek – CIP-Einheitsaufnahme

Arold, Marliese:
Lesepiraten-Pferdegeschichten / Marliese Arold.
Ill. von Dorothea Ackroyd.
– 1. Aufl. – Bindlach : Loewe, 1999
(Lesepiraten)
ISBN 3-7855-3494-9

Dieses Buch ist auf chlorfrei gebleichtem Papier gedruckt.

ISBN 3-7855-3494-9 – 1. Auflage 1999
© 1999 Loewe Verlag GmbH, Bindlach
Umschlagillustration: Dorothea Ackroyd
Reihengestaltung: Angelika Stubner
Gesamtherstellung: L.E.G.O. S.P.A., Vicenza
Printed in Italy

Inhalt

Mein bester Freund

Kleiner Wolf ist neugierig.
Ob die Biber am Fluss
schon Junge haben?

Mama macht sich Sorgen:
„Du willst allein ausreiten?"
„Den Weg zum Fluss
kenne ich im Schlaf",
behauptet Kleiner Wolf.
Mama seufzt.
„Aber nicht mit Sturmwind.
Nimm Abendstern."

Kleiner Wolf mault:

„Den alten Gaul!"

Aber Mama bleibt hart.

Also sattelt Kleiner Wolf

Abendstern und reitet los.

An den drei Bäumen
muss er links abbiegen.
Dann immer der Nase nach.

Endlich hat Kleiner Wolf
die Biberburg erreicht.
Doch die Biber
lassen sich nicht blicken.

Ein Indianer muss
geduldig sein.
Kleiner Wolf wartet
im Schatten der Bäume.
Zum Glück hat Mama ihm
eine Flasche mit Wasser
und Maiskuchen eingepackt.
Abendstern grast neben ihm.

12

Gegen Abend
kommen die Biber heraus.
Wie niedlich, drei Junge!
Kleiner Wolf ist begeistert.
Lange schaut er ihnen zu.

Abendstern wird unruhig.

Höchste Zeit für den Heimweg!

Endlich steigt

Kleiner Wolf auf.

Nanu, der Weg teilt sich.

Jetzt rechts oder links?

Was für ein komischer Baum!

Daran ist Kleiner Wolf

noch nicht vorbeigekommen!

14

Kleiner Wolf hat Angst.

Er hat sich verirrt.

Und es wird schon dunkel!

Abendstern merkt,

dass sein Reiter die Zügel

hängen lässt.

„Ich weiß nicht mehr weiter",

weint Kleiner Wolf.

Aber der kluge Abendstern

findet sogar im Dunkeln heim.

Kleiner Wolf ist so froh,
als er die Zelte sieht.
„Du bist mein bester Freund",
sagt Kleiner Wolf.
„Nie wieder werde ich dich
einen alten Gaul nennen!"

Fohlenspiele

Auf dem Katharinenhof
werden mitten im Winter
zwei Hengstfohlen geboren.
Zuerst Hitzkopf
und eine Woche später
der kleine Lauser.

Durch die Latten schauen sich
Lauser und Hitzkopf an.
„Ich bin schon größer als du",
behauptet Lauser.
„Dafür bin ich stärker",
meint Hitzkopf.

Endlich scheint
die Frühlingssonne.
Die Pferde dürfen auf die Weide.
Für Hitzkopf und Lauser
ist es das erste Mal!

Die Welt ist plötzlich riesig!

Was für ein

komisches Gefühl,

wenn der Wind

um die Pferdeohren streicht!

Die beiden laufen, toben

und machen Bocksprünge.

Plötzlich wackelt ein Zweig.

Hitzkopf hüpft vor Schreck

in die Höhe.

„Du Angsthase",

spottet Lauser.

„Na warte!",

meint Hitzkopf.

20

Hitzkopf und Lauser
rennen um die Wette.
Sie galoppieren
um die anderen Pferde herum.
Hitzkopf gewinnt.
Aber nur knapp.

Lauser probiert aus,
wie die Grashalme schmecken.
Bäh – zäh und ungewohnt ...
Mamas Milch ist besser!

Abends werden die Pferde
wieder in den Stall geführt.
Müde kuscheln sich die Fohlen
an ihre Mütter.

„Morgen bin ich schneller",
murmelt Lauser.
„Abwarten", sagt Hitzkopf,
schon halb im Schlaf.

Wisper, das flüsternde Pferd

Luzie kann nie
an der Weide vorbeigehen,
ohne die Pferde
an den Zaun zu locken.

Manchmal hat Luzie
einen Apfel dabei.
Oder eine Möhre.
Oder hartes Brot.

Eines Tages entdeckt Luzie
ein neues Pferd.
Es ist rabenschwarz.
Wunderschön, findet Luzie.
Sie muss viel Geduld haben,
bis der Rappe zum Zaun kommt.

Der Schwarze hält ganz still,

als Luzie ihn am Kopf krault.

„Du bist ein liebes Pferd",

sagt Luzie leise.

„Wie heißt du denn?"

„Wisper",

flüstert das Pferd.

Luzie staunt nicht schlecht.

Ein Pferd kann

doch nicht sprechen!

„Wir können schon",
sagt Wisper.
„Doch meistens wollen wir nicht.
Und wir reden nicht mit jedem."

Luzie wird die Sache
ein bisschen unheimlich.
„Keine Angst",
flüstert Wisper.
„Kann ich jetzt den Apfel
aus deiner Tasche haben?"

Verwirrt hält Luzie
ihm den Apfel hin.
„Danke", sagt Wisper
und nimmt den Apfel
von Luzies flacher Hand.

„Ich muss jetzt gehen",
stottert Luzie nervös
und läuft zu ihrem Rad.

Am nächsten Tag
ist Wisper nicht mehr da.
Luzie ist enttäuscht.
Sie hat noch so viele Fragen!

Aber die anderen Pferde
geben keine Antwort.
Doch Luzie weiß:
Pferde reden nicht mit jedem!

Ein Pferd für zwei

Mia hat
ein halbes Pflegepferd.
Für die andere Hälfte
ist Kim zuständig.

Pedro steht
zusammen mit anderen Pferden
in einem Reitstall.
Einmal mistet Mia
die Box aus,
am nächsten Tag Kim.

Heute sorgt Mia
für das Futter.
Sie stopft Heu in die Raufe,
füllt das Wasser nach
und schüttet Hafer in die Krippe.
Morgen ist dann Kim dran.

Doch manchmal gibt es Streit
zwischen Kim und Mia.
Oft wollen beide
zur gleichen Zeit reiten.
Und ab und zu wollen
Mia und Kim gleichzeitig
ihr Pferd striegeln.

Pedro ist geduldig.
Aber es macht ihn nervös,
wenn die Mädchen
von zwei Seiten bürsten.

Am schlimmsten aber ist es,
wenn Mia und Kim
herausfinden wollen,
wen Pedro am liebsten mag.
Von wem nimmt er
die Möhre zuerst?

„Blöder Pedro",
schimpft Mia,
wenn Pedro Kims Möhre nimmt.

„Doofer Gaul",
sagt Kim, wenn Pedro
an Mias Möhre knabbert.
Da gibt es schon mal
Streit und Tränen.

Doch auf dem Heuboden
kann man sich versöhnen.
Aber meistens
klappt alles prima.
Ein Pferd für zwei
ist ganz gut,
finden Mia und Kim.

Hitzefrei!

Heute fallen die letzten
zwei Schulstunden aus.
Hitzefrei!
„Prima!", meint Lars.
„Dann können wir
gleich in den Reitstall!"

Lars, Eva und Sina
radeln los.
Die Pferde stehen faul
auf der Weide.
Unter den Bäumen
suchen sie Schatten.

Im Stall
ist es furchtbar stickig.
„Das ist ja nicht
zum Aushalten", stöhnt Eva.

Da hat Erwin, der Reitlehrer,
eine gute Idee:
„Die Pferde bekommen
auch hitzefrei.
Heute gehen wir alle
zum Badesee."

Die Kinder führen
die Pferde an den Halftern
zum See hinunter.
Das Ufer ist flach
und das Wasser ganz warm.
Romeo, der Rappe,

traut sich als Erster

ins Wasser.

Pulli und Flicka

sind vorsichtiger.

Aber dann merken sie,

wie schön es im Wasser ist.

Allen macht es großen Spaß,

das Toben und Plantschen,

das Spritzen und Spielen!

Lars klettert sogar

auf Romeos Rücken.

Der ist nass und glatt.

Plumps!

Lars liegt im Wasser.

„Das war richtig toll“,
meint Eva, als sie später
zusammen ein Eis essen.
„Wir und die Pferde
sollten öfter zusammen
hitzefrei haben!“

Jonny, das Flaschenfohlen

Micha ist begeistert.
Die alte Stute Jasmin
hat endlich ein Fohlen:
Es ist ein kleiner
pechschwarzer Hengst.

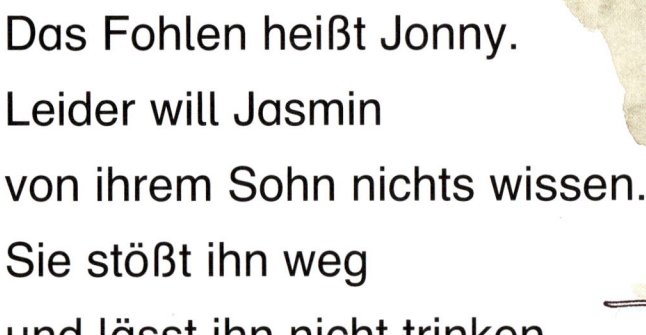

Das Fohlen heißt Jonny.
Leider will Jasmin
von ihrem Sohn nichts wissen.
Sie stößt ihn weg
und lässt ihn nicht trinken.

42

„Jasmin ist eben schon
zu alt für ein Fohlen",
meint Michas Vater.
„Jonny muss
die Flasche kriegen."

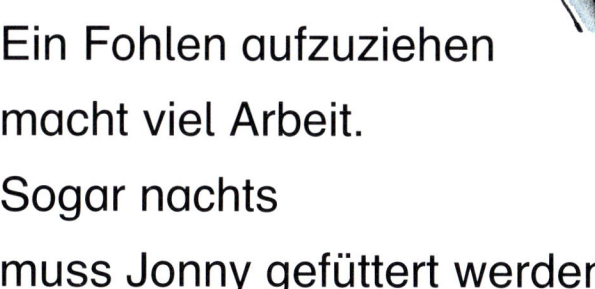

Micha hilft eifrig mit.
Ein Fohlen aufzuziehen
macht viel Arbeit.
Sogar nachts
muss Jonny gefüttert werden.

Bald läuft der kleine Hengst
Micha überallhin nach.
Wenn Micha zur Schule geht,
rennt Jonny ein Stück mit.
Wenn Micha heimkommt,
wartet Jonny schon auf ihn.

44

Sogar in die Küche
geht Jonny manchmal mit.
Zu gerne will er wissen,
was in den Schubladen ist.

„Du bist ein Quälgeist",
schimpft Mama.
„Raus hier!"

Wenn Micha
am Schreibtisch sitzt,
schaut Jonny oft
von draußen zu.
Wenn es zu lange dauert,
wiehert er ungeduldig.

„Spiel endlich mit mir!",
soll das heißen.
Und Micha beeilt sich.

Seine Rechenaufgaben sind dann
ab und zu falsch gelöst.
Oder Micha vergisst,
sein Diktat zu verbessern.
Natürlich fragt der Lehrer:
„Wo hast du denn bloß
deine Gedanken gehabt?"
... Klar, bei Jonny,
dem Flaschenfohlen!

Der Kosakenhang

Uwe will unbedingt
Reiten lernen.
Endlich geben die Eltern nach.
Uwe meldet sich stolz
im Reitstall an.

„Zuerst musst du ein Gefühl
für den Pferderücken bekommen",
sagt die Reitlehrerin.
„Am besten fängst du
mit dem Voltigieren an."

48

„Woll-ti-schie-ren?",
fragt Uwe erstaunt.
Was soll denn das sein?
Bald begreift er,
was damit gemeint ist:
Das Pferd läuft im Kreis
an einer langen Leine.

Uwe lernt,
neben dem Pferd herzurennen
und im Laufen aufzuspringen.
Er lernt zu galoppieren,
ohne sich festzuhalten.
Manchmal kniet er sogar
auf dem Pferderücken.

Oder er reitet verkehrt herum.
Bald fühlt Uwe sich
auf dem Pferd ganz sicher.
Eines Tages schauen seine Eltern zu.
Uwe zeigt ihnen,
was er alles schon kann.

Besonders stolz ist er
auf den „Kosakenhang":
Kopf nach unten,
ein Bein in die Luft!
Es sieht schwieriger aus,
als es ist.

Mama wird bleich.

„Und das soll Reiten sein?",

fragt sie hinterher.

„Ist es", antwortet Uwe.

„Und es macht riesigen Spaß!"

Lauter Traumpferde

Wie komisch!

Lisa wundert sich sehr,

als sie in die Schule kommt.

In der Fahrradhalle

sind lauter Pferde angebunden!

Es gongt.

Lisa rennt schnell zur Turnhalle.

Ihre Klasse hat Sport.

Aber heute

hat sich Herr Berger

etwas Besonderes ausgedacht:

Der Unterricht findet

draußen auf der Wiese statt.

Alle Schüler

sollen ihre Pferde holen.

„Wir üben heute Springen",

sagt Herr Berger.

„Ich hab kein Pferd",
meint Lisa kummervoll.
„Du kriegst meins",
sagt Herr Berger.

Da steht schon ein Schimmel.
Wunderschön ist der!
Lisa steigt auf.
Sie ist glücklich.
Reiten ist wunderbar.

Nach zwei Runden
sagt Herr Berger:
„Und jetzt springen wir!"
Lisa zögert.
Der Kasten sieht so hoch aus!

Aber Jenny springt
mit ihrem Rappen,
Paula mit dem Schecken
und Tim mit dem Braunen.
Jetzt ist Lisa dran.
„Los!", ruft sie.

Der Schimmel macht
einen großen Satz.
„Hilfe!"
Lisa will sich festhalten.
Zu spät.
Sie segelt durch die Luft ...

... und landet
auf dem Boden
neben ihrem Bett.
Alles war nur geträumt!

Marliese Arold wurde 1958 in Erlenbach am Main geboren. Nach dem Abitur studierte sie an der Fachhochschule für Bibliothekswesen in Stuttgart, mit dem besonderen Schwerpunkt Kinderbibliothek. Schreiben machte ihr schon immer viel Spaß, und 1983 erschienen ihre ersten Kinder- und Jugendbücher.  Heute arbeitet sie als freie Autorin für verschiedene Verlage.

Dorothea Ackroyd wurde 1960 in Herford geboren. Sie studierte Visuelle Kommunikation und Grafik-Design. Danach arbeitete sie freiberuflich als Illustratorin, seit der Geburt ihrer  Tochter immer mehr für Kinder- und Jugendbuchverlage.